Impressum
Verlag: BABADADA GmbH, Nedderfeld 112 , 22529 Hamburg
Geschäftsführer / Verlagsleitung: Harald Hof
Druck: Books on Demand GmbH, In de Tarpen 42, 22848 Norderstedt

Imprint
Publisher: BABADADA GmbH, Nedderfeld 112 , 22529 Hamburg, Germany
Managing Director / Publishing direction: Harald Hof
Print: Books on Demand GmbH, In de Tarpen 42, 22848 Norderstedt, Germany

escuela
学校

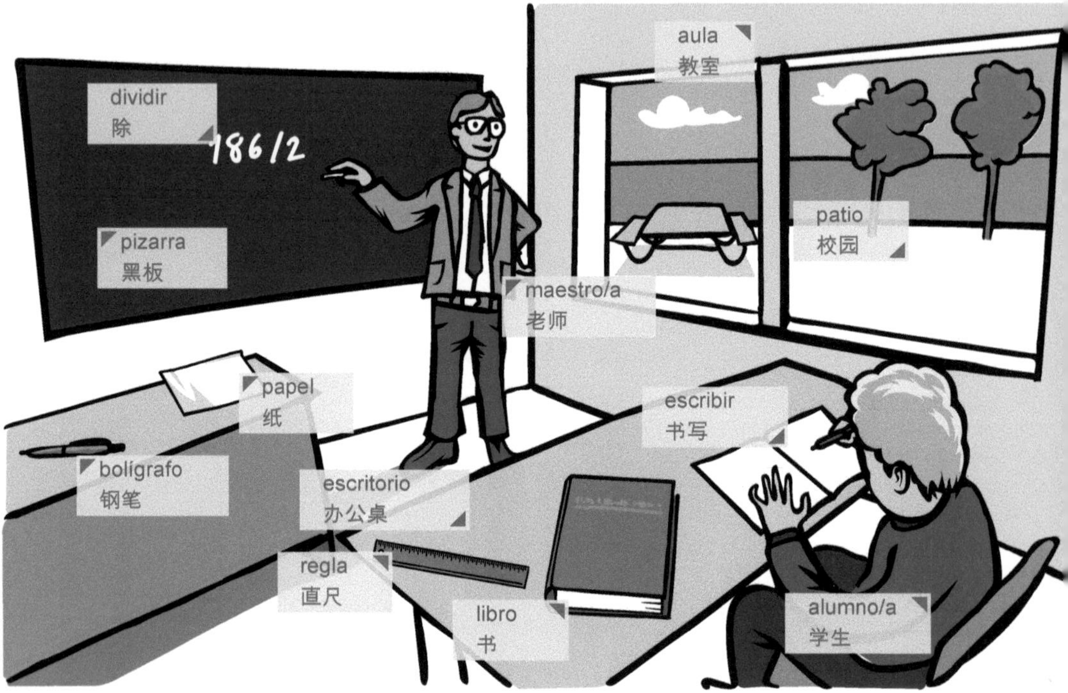

aula
教室
dividir
除
186/2
patio
校园
pizarra
黑板
maestro/a
老师
papel
纸
escribir
书写
bolígrafo
钢笔
escritorio
办公桌
regla
直尺
libro
书
alumno/a
学生

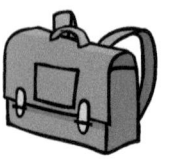

cartera
书包

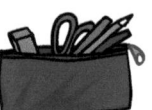

caja de lápices
铅笔盒

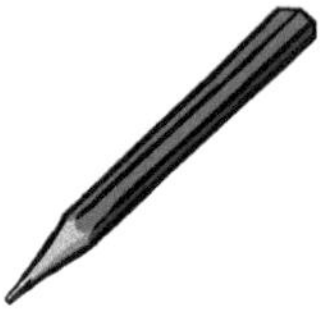

lápiz
铅笔

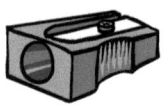

sacapuntas
卷笔刀

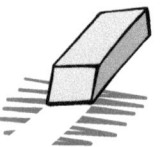

goma de borrar
橡皮擦

cuaderno de dibujo
画板

dibujo

图画

pincel

画笔

caja de pinturas

颜料盒

tijeras

剪刀

pegamento

胶水

cuaderno de ejercicios

练习册

deberes

家庭作业

número

数字

sumar

加

restar

减

multiplicar

乘

calcular

计算

letra

字母

alfabeto

字母表

palabra

字

texto

课文

leer

读

tiza

粉笔

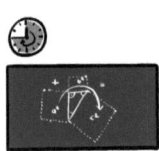

lección

上课

cuaderno de notas

登记

examen

考试

certificado

证书

uniforme escolar

校服

educación

教育

enciclopedia

百科全书

universidad

大学

microscopio

显微镜

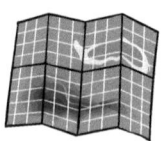

mapa

地图

papelera

废纸筐

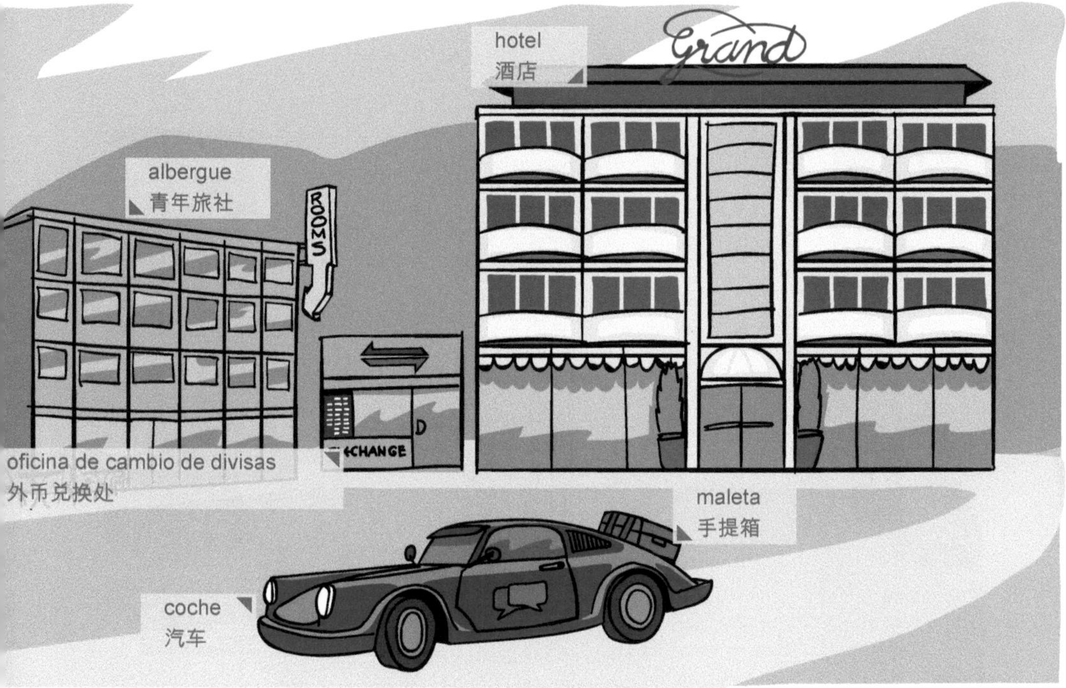
hotel
酒店
Grand
albergue
青年旅社
ROOMS
CHANGE
oficina de cambio de divisas
外币兑换处
maleta
手提箱
coche
汽车

idioma
语言

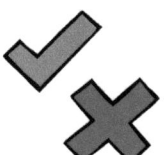

sí / no
是/否

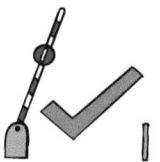

Vale
好的

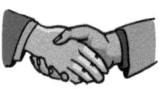

hola
您好

traductor
翻译员

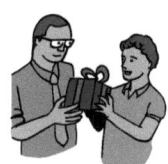

Gracias
谢谢

¿cuánto es...?

......多少钱？

No entiendo

我不明白

problema

问题

¡Buenas tardes!

晚上好！

¡Buenos días!

早上好！

¡Buenas noches!

晚安！

adiós

再见

dirección

方向

equipaje

行李

bolsa

包

mochila

双肩包

invitado

客人

habitación

房间

saco de dormir

睡袋

tienda de campaña

帐篷

información turística

旅游信息

playa

海滩

tarjeta de crédito

信用卡

desayuno

早餐

almuerzo

午餐

cena

晚餐

billete

票

ascensor

电梯

sello

邮票

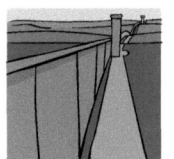

frontera

边界

aduana

海关

embajada

大使馆

visa

签证

pasaporte

护照

transporte

交通运输

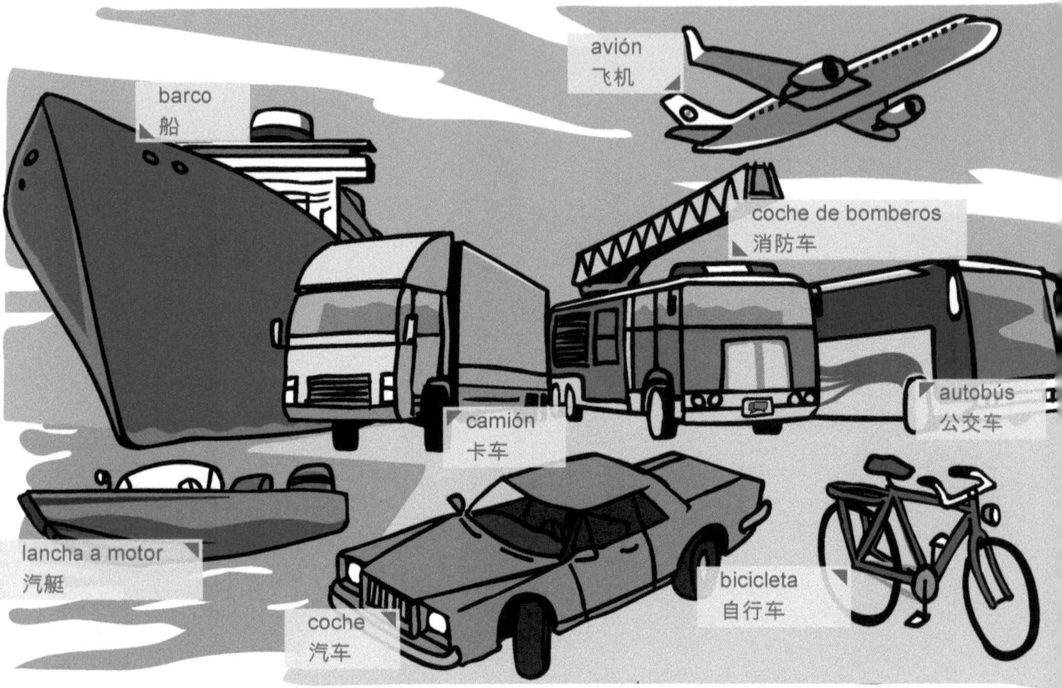
avión
飞机
barco
船
coche de bomberos
消防车
autobús
公交车
camión
卡车
lancha a motor
汽艇
bicicleta
自行车
coche
汽车

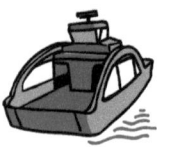

transbordador

摆渡船

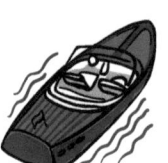

barca

小船

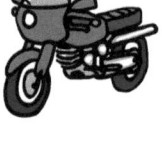

moto

摩托车

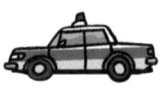

coche de policía

警车

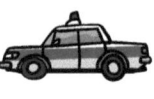

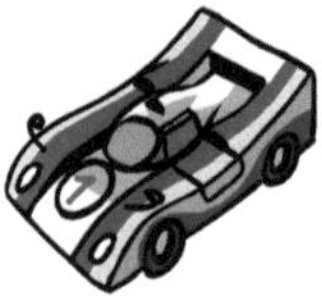

coche de carreras

赛车

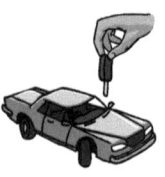

coche de alquiler

租车

préstamo de vehículos

拼车

grúa

拖车

camión de la basura

垃圾车

motor

发动机

gasolina

汽油

gasolinera

加油站

señal de tráfico

交通标志

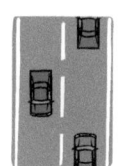

tráfico

交通

atasco

交通堵塞

aparcamiento

停车场

estación de tren

火车站

vías

轨道

tren

火车

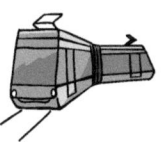

tranvía

电车

vagón

货车

helicóptero

直升机

aeropuerto

机场

torre

塔

pasajero

乘客

contenedor

集装箱

caja de cartón

纸板箱

carretilla

手推车

cesta

篮子

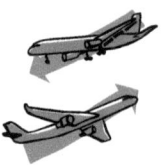

despegar / aterrizar

起飞/降落

ciudad

城市

pueblo

村庄

centro de ciudad

市中心

casa

房子

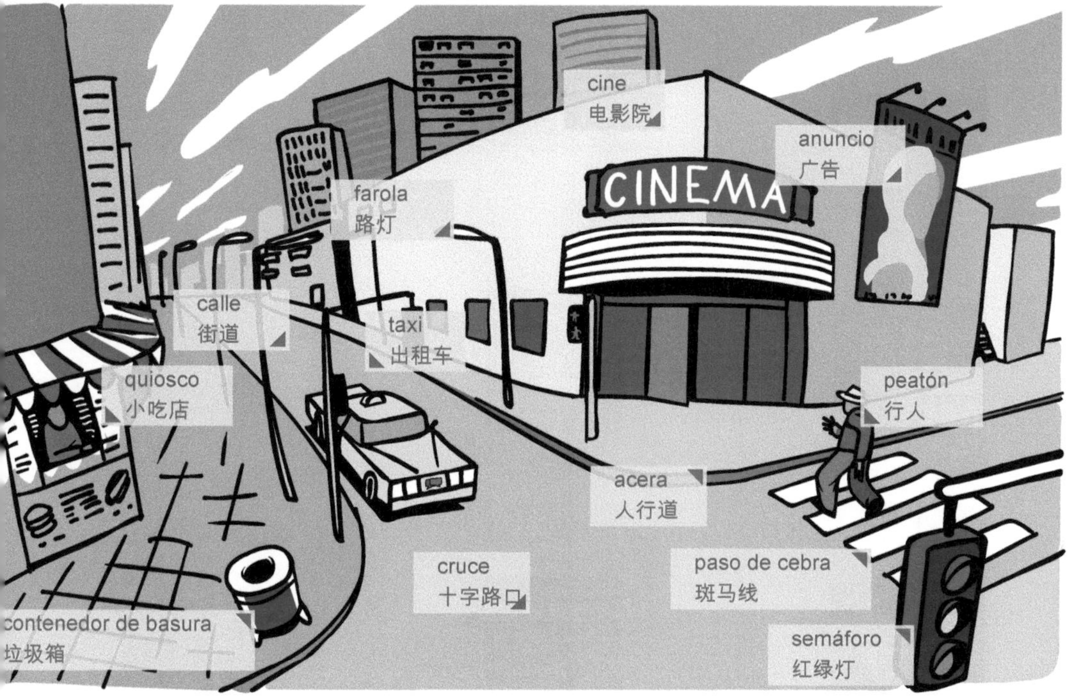
cine
电影院
anuncio
广告
CINEMA
farola
路灯
calle
街道
taxi
出租车
quiosco
小吃店
peatón
行人
acera
人行道
cruce
十字路口
paso de cebra
斑马线
contenedor de basura
垃圾箱
semáforo
红绿灯

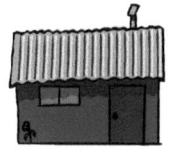

cabaña

小屋

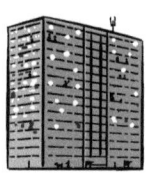

apartamento

公寓

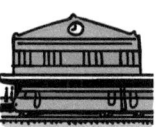

estación de tren

火车站

ayuntamiento

市政厅

MUSEUM

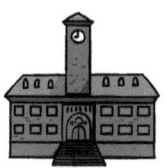

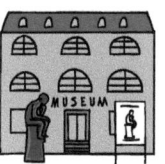

museo

博物馆

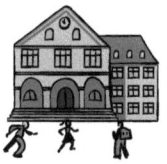

escuela

学校

universidad

大学

banco

银行

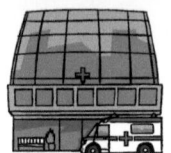

hospital

医院

hotel

酒店

farmacia

药房

oficina

办公室

librería

书店

tienda

商店

floristería

花店

supermercado

超市

mercado

市场

grandes almacenes

百货商店

pescadería

鱼店

centro comercial

购物中心

puerto

海港

parque

公园

banco

长凳

puente

桥

escaleras

楼梯

metro

地铁

túnel

隧道

parada de autobús

公交车站

bar

酒吧

restaurante

餐馆

buzón

邮筒

poste indicador

路标

parquímetro

停车计时器

zoo

动物园

piscina

游泳馆

mezquita

清真寺

granja

农场

contaminación

污染

cementerio

墓地

iglesia

教堂

patio de juego

操场

templo

寺庙

paisaje

地形

hoja
树叶

señal
指示牌

camino
路

prado
草地

piedra
石头

árbol
树

excursionista
徒步旅行者

río
河

hierba
草

flor
花

valle

峡谷

colina

山

lago

湖

bosque

森林

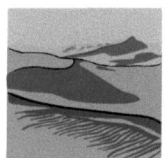

desierto

沙漠

volcán

火山

castillo

城堡

arcoíris

彩虹

champiñón

蘑菇

palmera

棕榈树

mosquito

蚊子

mosca

苍蝇

hormiga

蚂蚁

abeja

蜜蜂

araña

蜘蛛

escarabajo

甲虫

rana

青蛙

ardilla

松鼠

erizo

刺猬

liebre

野兔

lechuza

猫头鹰

pájaro

鸟

cisne

天鹅

jabalí

野猪

ciervo

鹿

alce

麋鹿

presa

水坝

turbina eólica

风力发电机

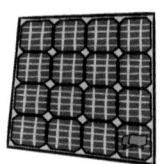

panel solar

太阳能电池板

clima

气候

restaurante
餐馆

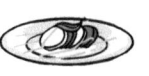

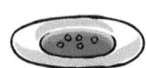

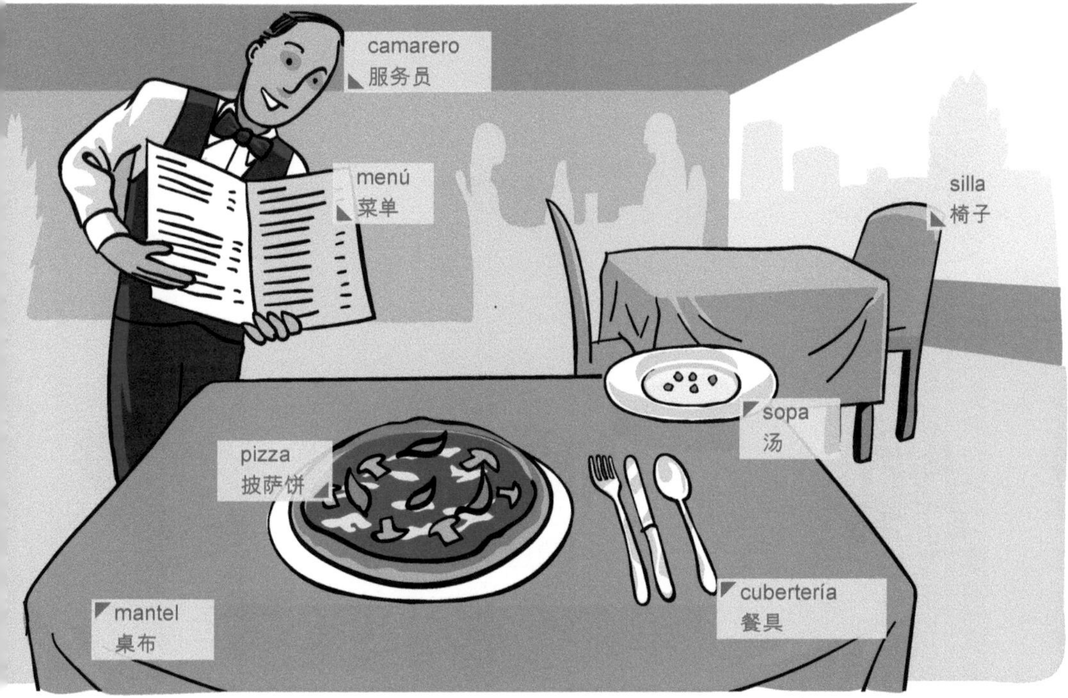
camarero
服务员
menú
菜单
silla
椅子
sopa
汤
pizza
披萨饼
cubertería
餐具
mantel
桌布

primer plato

前菜

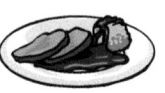

plato principal

主菜

postre

甜点

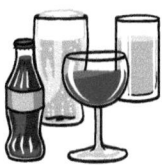

bebidas

饮料

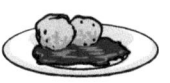

comida

食物

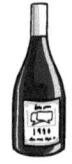

botella

瓶子

comida rápida

快餐

comida callejera

街边小吃

tetera

茶壶

azucarero

糖盒

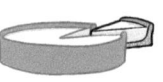

porción

一份饭菜

cafetera expreso

意式咖啡机

trona

高脚椅

cuenta

账单

bandeja

托盘

cuchillo

刀

tenedor

餐叉

cuchara

勺子

cucharilla

茶匙

servilleta

餐巾

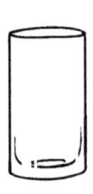

vaso

玻璃杯

plato

碟子

plato hondo

汤盘

platillo

碟子

salsa

酱

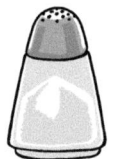

salero

盐瓶

molinillo de pimienta

胡椒磨

vinagre

醋

aceite

食用油

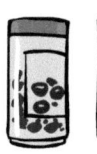

especias

调味料

ketchup

番茄酱

mostaza

芥末

mayonesa

蛋黄酱

supermercado
超市

oferta especial
特价
FOR
cliente
顾客
lácteos
乳制品
fruta
水果
carro de la compra
购物车

BUTCHERS

carnicería
肉铺

BAKERY

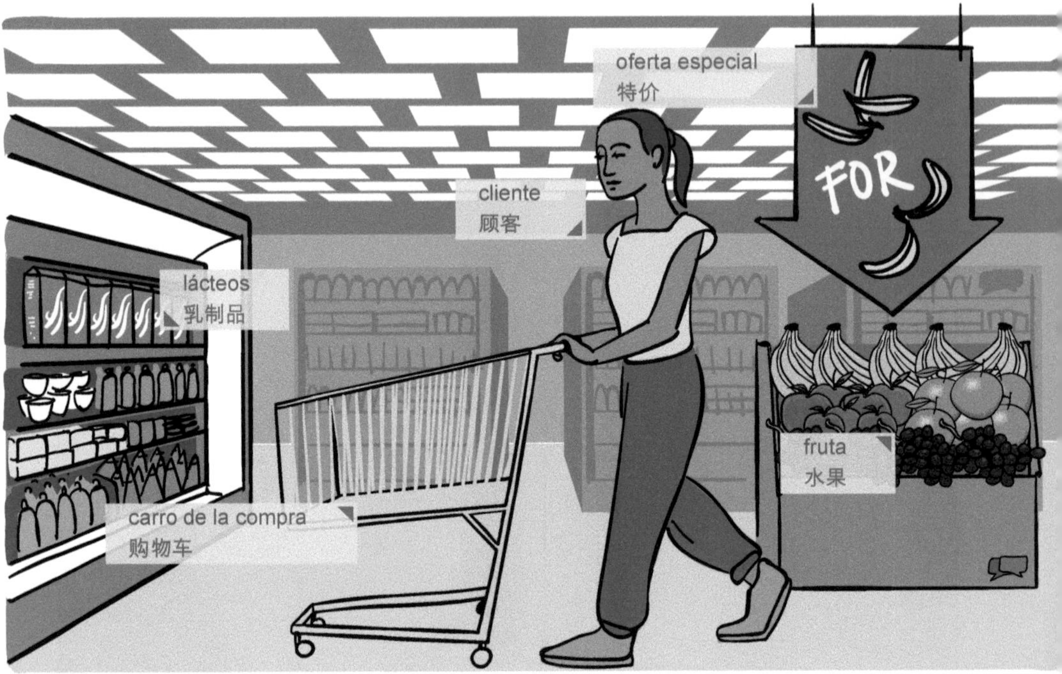

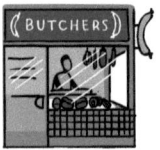

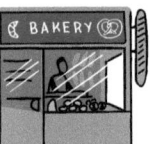

panadería
面包房

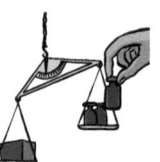

pesar
称重

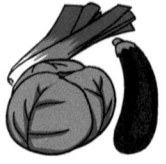

verduras
蔬菜

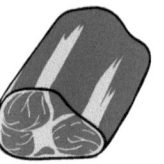

carne
肉

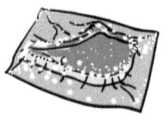

alimentos congelados
冷冻食品

fiambres

冷盘

conservas

罐头食品

detergente en polvo

洗衣粉

dulces

甜食

productos de uso doméstico

日用品

productos de limpieza

清洁用品

vendedora

销售员

caja

收银机

cajero

收银员

lista de la compra

购物清单

horario de atención al público

开放时间

cartera

钱包

tarjeta de crédito

信用卡

bolsa

袋子

bolsa de plástico

塑料袋

agua

水

zumo

果汁

leche

牛奶

cola

可乐

vino

红酒

cerveza

啤酒

alcohol

酒

cacao

可可

té

茶

café

咖啡

expreso

意式浓缩咖啡

capuchino

卡布奇诺

plátano

香蕉

manzana

苹果

naranja

橙子

melón

西瓜

limón

柠檬

zanahoria

胡萝卜

ajo

大蒜

bambú

竹子

cebolla

洋葱

champiñón

蘑菇

avellanas

坚果

fideos

面条

espagueti

意大利面条

arroz

米饭

ensalada

沙拉

patatas fritas

薯条

patatas fritas

炸土豆

pizza

披萨饼

hamburguesa

汉堡包

sándwich

三明治

filete

炸猪排

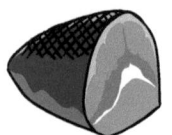

jamón

火腿

salami

萨拉米

salchicha

香肠

pollo

鸡肉

asado

烤肉

pescado

鱼

copos de avena

燕麦片

muesli

穆兹利

copos de maíz

玉米片

harina

面粉

cruasán

羊角面包

panecillo

面包卷

pan

面包

tostada

烤面包

galletas

饼干

mantequilla

黄油

cuajada

凝乳

pastel

蛋糕

huevo

蛋

huevo frito

煎蛋

queso

奶酪

helado

冰激凌

azúcar

糖

miel

蜂蜜

mermelada

果酱

crema de turrón

巧克力酱

curry

咖喱饭

granja

农场

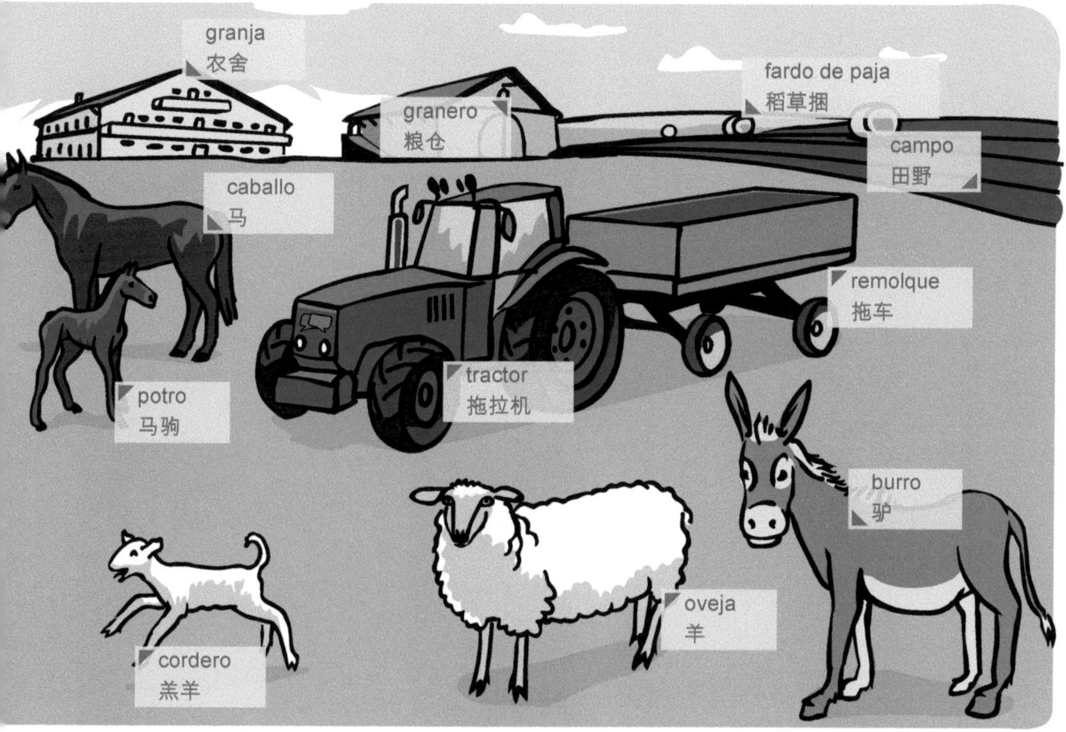
granja
农舍
granero
粮仓
fardo de paja
稻草捆
campo
田野
caballo
马
remolque
拖车
tractor
拖拉机
potro
马驹
burro
驴
oveja
羊
cordero
羔羊

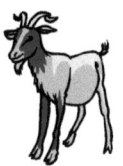

cabra

山羊

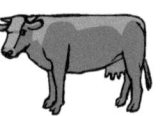

vaca

奶牛

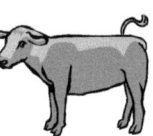

ternero

牛犊

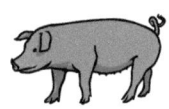

cerdo

猪

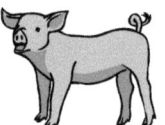

cerdito

小猪

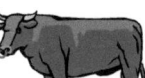

toro

公牛

ganso

鹅

pato

鸭

pollo

小鸡

gallina

母鸡

gallo

公鸡

rata

鼠

gato

猫

ratón

老鼠

buey

牛

perro

狗

perrera

狗屋

manguera

花园浇水软管

regadera

洒水壶

guadaña

长柄大镰刀

arado

犁

hoz

镰刀

azada

锄头

horca

长柄草耙

hacha

斧头

carretilla

独轮手推车

abrevadero

饲料槽

lechera

牛奶罐

saco

麻布袋

valla

栅栏

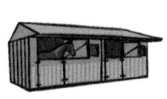

establo

马厩

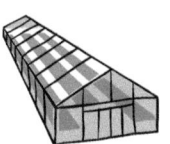

invernadero

温室

suelo

土壤

semilla

种子

fertilizador

肥料

cosechadora

联合收割机

cosechar

收割

cosecha

收割

ñame

山药

trigo

小麦

soja

大豆

patata

土豆

maíz

玉米

semilla de colza

油菜籽

árbol frutal

果树

mandioca

树薯

cereales

谷物

casa
房子

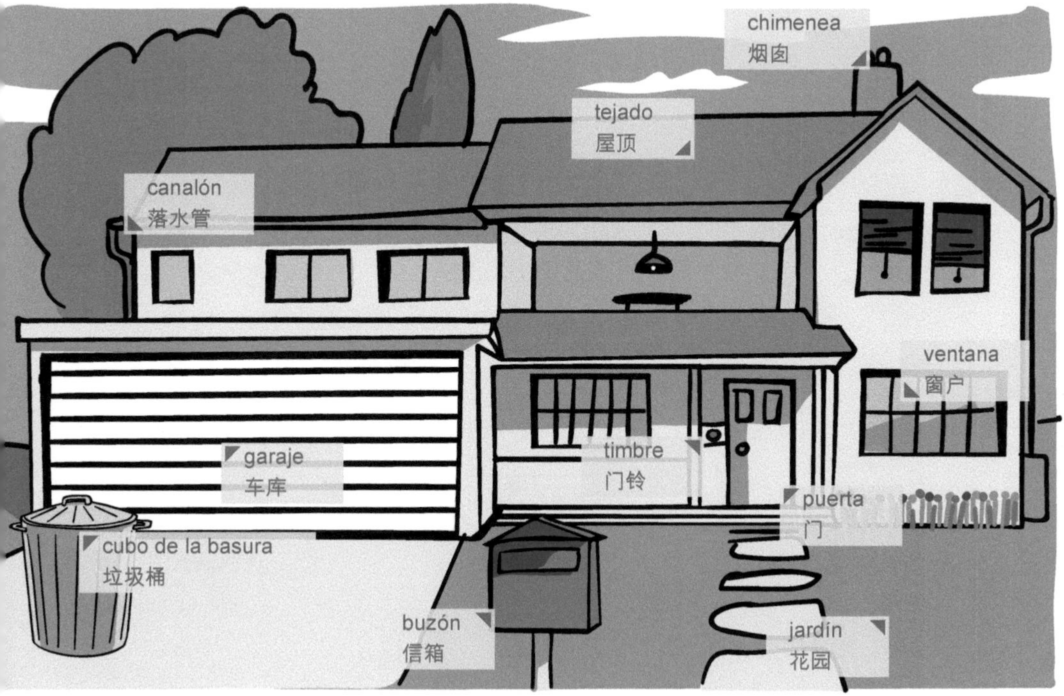

chimenea
烟囱
tejado
屋顶
canalón
落水管
ventana
窗户
garaje
车库
timbre
门铃
puerta
门
cubo de la basura
垃圾桶
buzón
信箱
jardín
花园

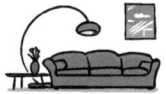

sala

客厅

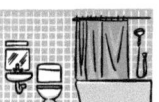

cuarto de baño

浴室

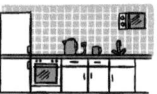

cocina

厨房

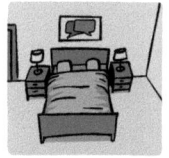

dormitorio

卧室

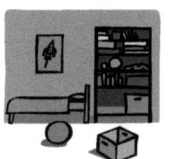

habitación de los niños

儿童房

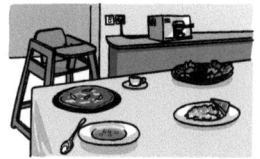

comedor

餐厅

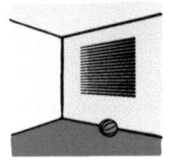

suelo

地板

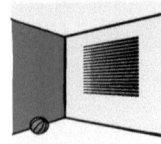

pared

墙壁

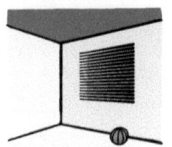

techo

吊顶

sótano

地窖

sauna

桑拿

balcón

阳台

terraza

露台

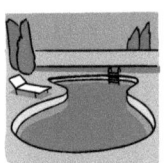

piscina

游泳池

cortacésped

割草机

sábana

被单

colcha

床罩

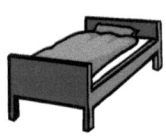

cama

床

escoba

扫帚

balde

水桶

interruptor

开关

sala
客厅

papel pintado
壁纸
imagen
照片
lámpara
台灯
estante
搁架
armario
橱柜
televisión
电视机
chimenea
壁炉
flor
花
cojín
垫子
sofá
沙发
jarrón
花瓶
mando a distancia
遥控器

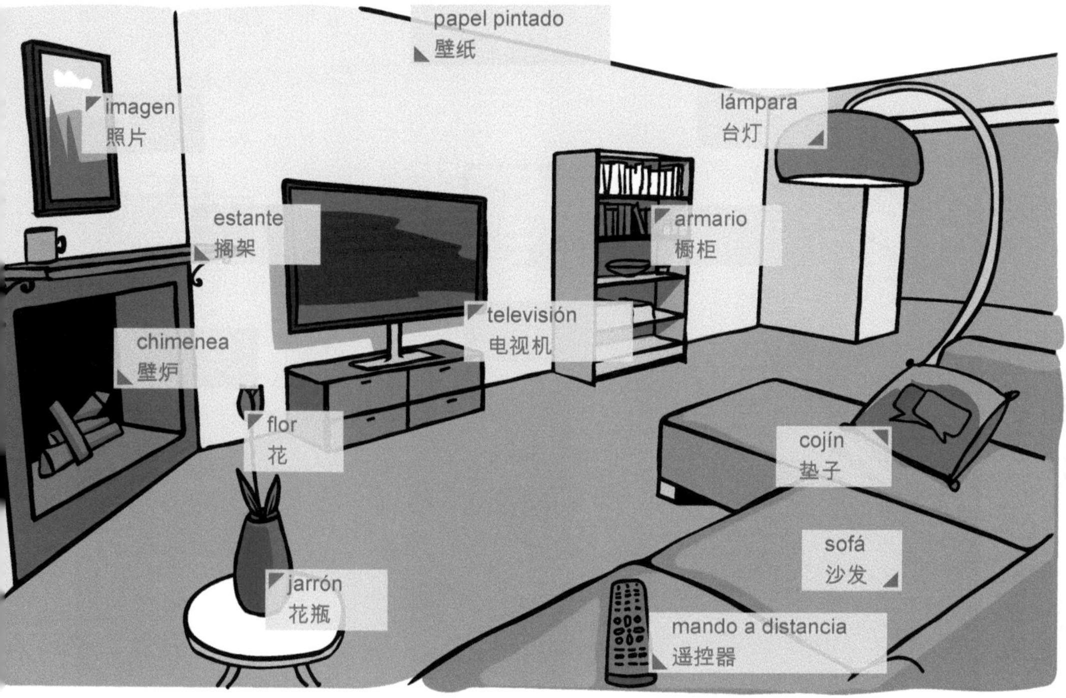

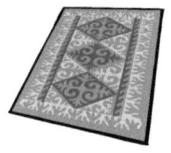

alfombra

地毯

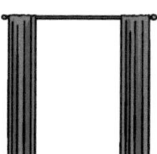

cortina

窗帘

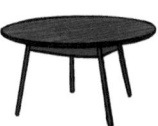

mesa

餐桌

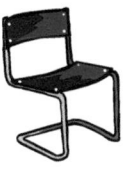

silla

椅子

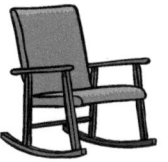

mecedora

摇椅

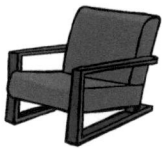

butaca

扶手椅

libro

书

manta

毯子

decoración

装饰品

leña

木柴

película

电影

equipo de música

高保真音响

llave

钥匙

periódico

报纸

pintura

油画

póster

海报

radio

收音机

cuaderno

笔记本

aspiradora

吸尘器

cactus

仙人掌

vela

蜡烛

cocina
厨房

refrigerador
冰箱
microondas
微波炉
balanza de cocina
厨房秤
tostadora
烤面包机
detergente
洗洁精
horno
烤箱
congelador
冰柜
cubo de la basura
垃圾桶
lavavajillas
洗碗机

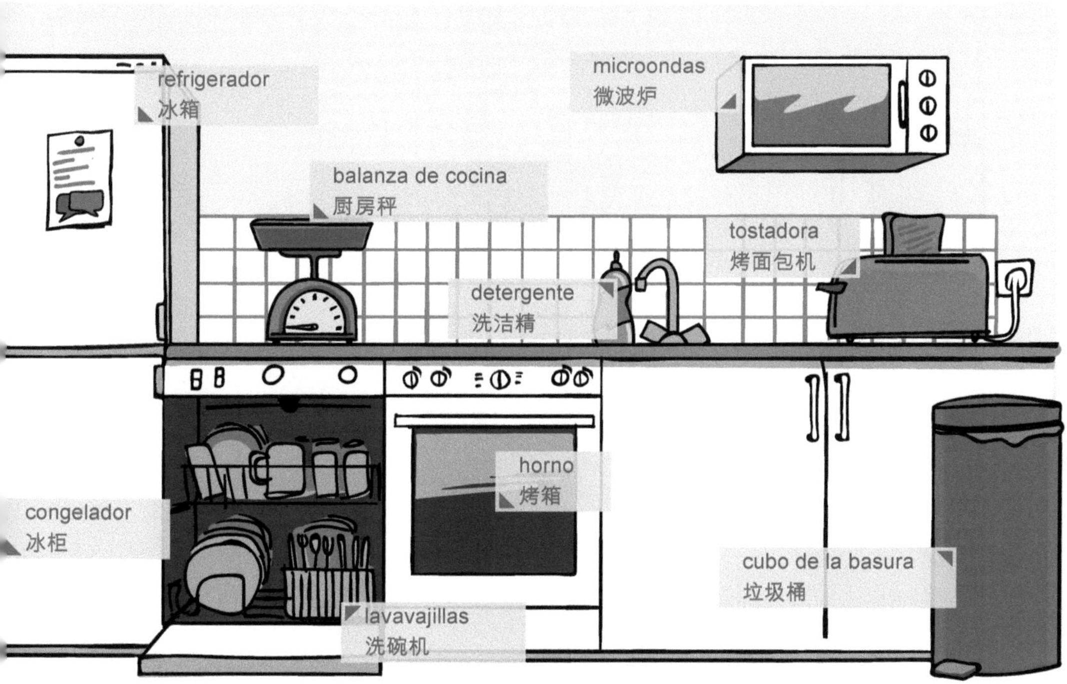

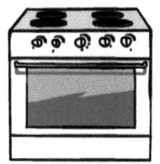

olla a presión
炊具

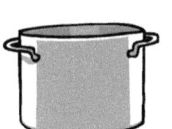

olla
锅

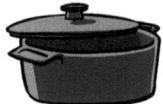

olla de hierro fundido
铸铁锅

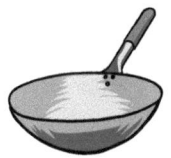

wok / karahi
炒锅

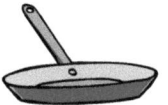

cazuela
平底锅

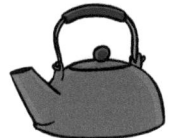

hervidor
水壶

vaporera

蒸锅

chapa de horno

烤盘

vajilla

陶瓷锅

taza

马克杯

tazón

碗

palillos

筷子

cucharón

长柄勺

espumadera

铲子

batidor

搅拌器

colador

滤网

cedazo

筛子

rallador

磨碎机

mortero

研钵

barbacoa

烧烤

hoguera

明火

tabla de picar

菜板

rodillo

擀面杖

sacacorchos

开瓶器

lata

罐子

abrelatas

开罐器

agarrador

隔热手套

lavabo

水槽

cepillo

刷子

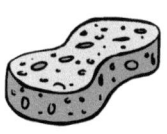

esponja

海绵

batidora

搅拌机

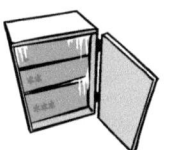

congelador

冷藏箱

biberón

奶瓶

grifo

水龙头

cuarto de baño

浴室

ducha
淋浴
calefacción
供暖设备
toalla
毛巾
cortina de la ducha
浴帘
baño de espuma
泡沫浴
bañera
浴缸
vaso
玻璃杯
lavadora
洗衣机
grifo
水龙头
baldosas
瓷砖
orinal
便壶
lavabo
水槽

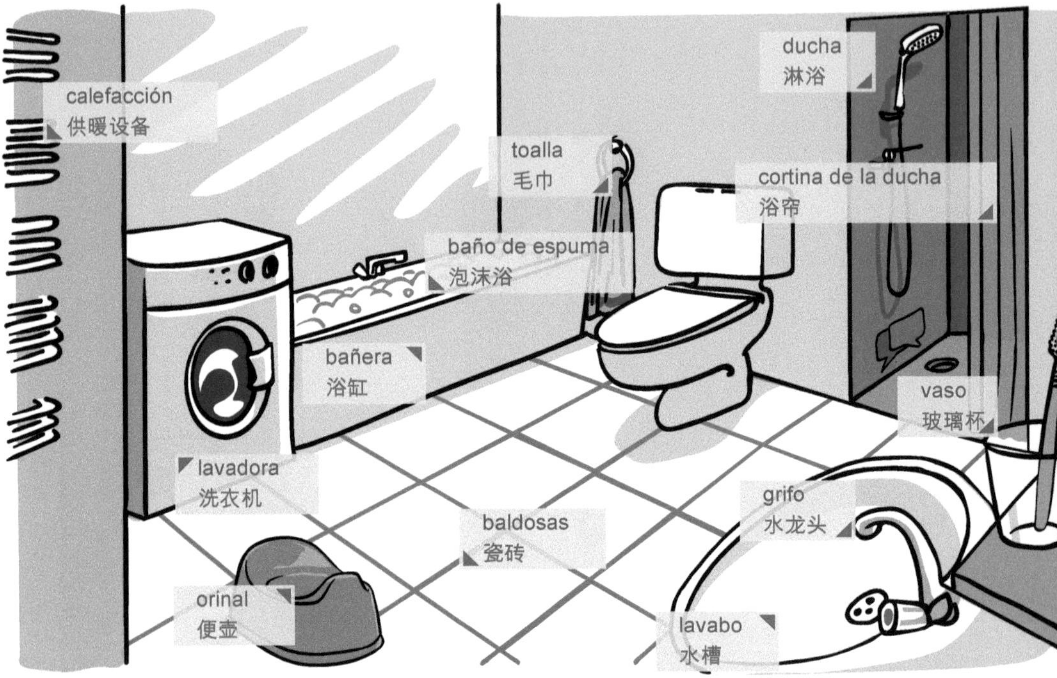

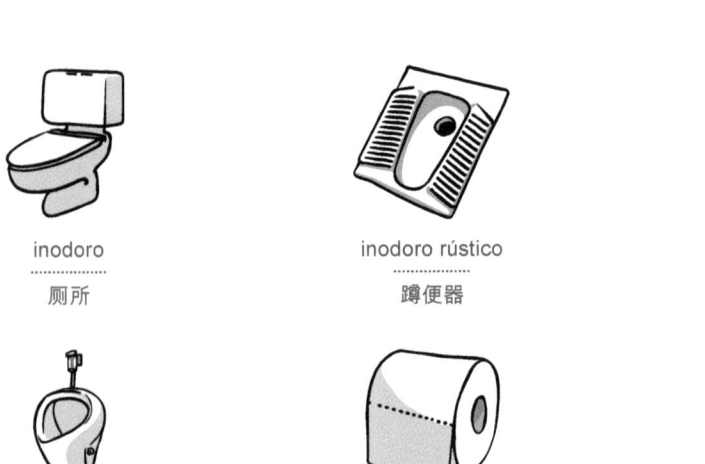

inodoro
厕所

inodoro rústico
蹲便器

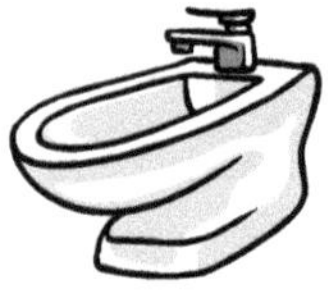

bidé
坐浴器

urinario
小便池

papel higiénico
厕纸

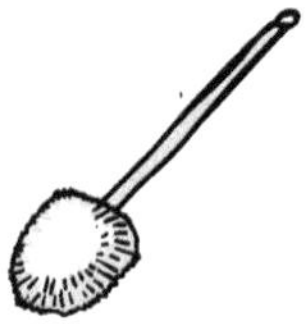

escobilla del váter
马桶刷

cepillo de dientes

牙刷

pasta de dientes

牙膏

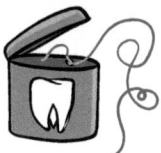

hilo dental

牙线

lavar

洗

ducha de mano

手持式喷淋头

ducha íntima

冲洗器

pila

洗脸盆

cepillo de espalda

擦背刷

jabón

肥皂

gel de ducha

沐浴露

champú

洗发水

toallita

法兰绒

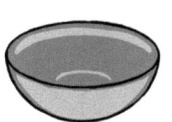

desagüe

排水

crema

乳霜

desodorante

除臭剂

espejo

镜子

espejo de tocador

手镜

maquinilla de afeitar

剃须刀

espuma de afeitar

剃须泡沫

loción postafeitado

须后水

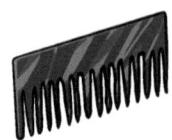

peine

梳子

cepillo

刷子

secador

吹风机

laca

喷发定型剂

maquillaje

化妆品

pintalabios

唇膏

pintauñas

指甲油

algodón

化妆棉

cortauñas

指甲剪

perfume

香水

estuche de viaje

洗漱包

banqueta

凳子

balanza

计重秤

albornoz

浴袍

guantes de goma

橡胶手套

tampón

卫生棉条

compresa

卫生巾

inodoro químico

化学厕所

habitación de los niños
儿童房

despertador
闹钟
peluche
毛绒玩具
coche de juguete
玩具车
sonajero
拨浪鼓
casa de muñecas
玩具屋
regalo
礼物

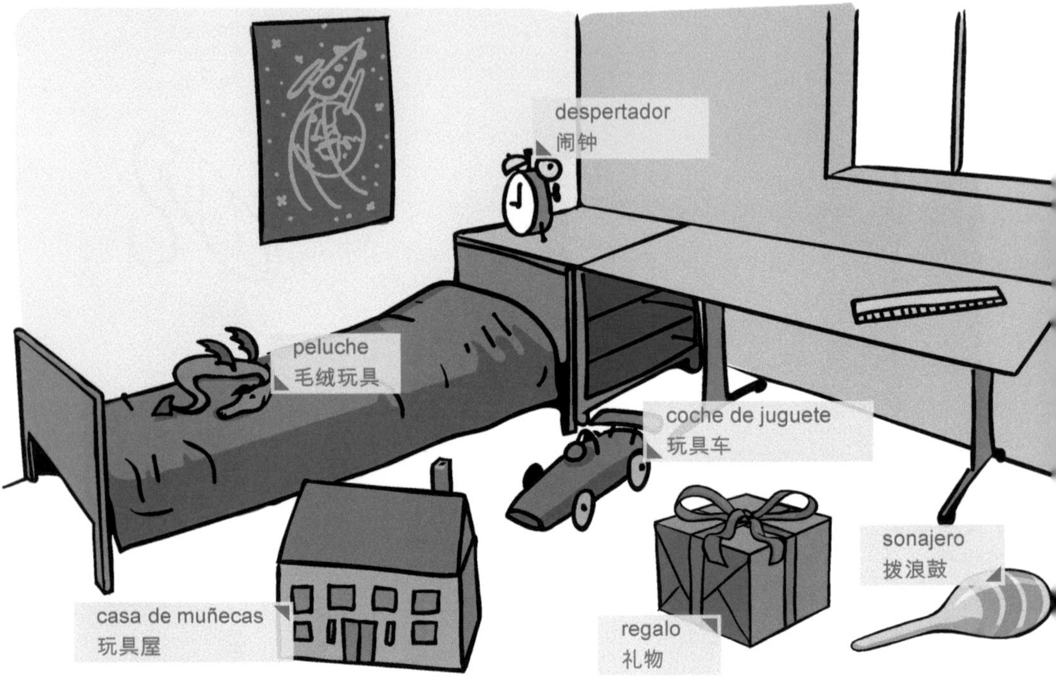

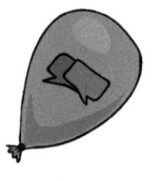

globo

气球

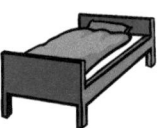

cama

床

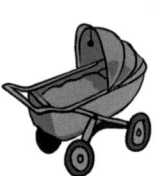

coche de niño

（洋娃娃用）婴儿车

naipes

扑克牌

puzle

拼图

SUPER
MEGA

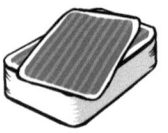

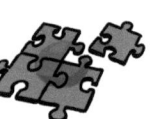

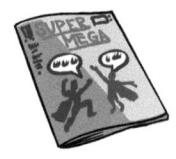

tebeo

漫画

piezas de lego

乐高积木

bloques de juguete

积木玩具

figura de acción

玩具人

bodi (de bebé)

婴儿服

frisbee

飞盘

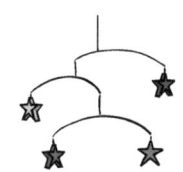

colgador móvil para bebés

床铃玩具

juego de mesa

棋盘游戏

dados

骰子

circuito de tren eléctrico

火车模型

maniquí

安抚奶嘴

fiesta

聚会

álbum de fotos

绘本

pelota

球

muñeca

洋娃娃

jugar

玩

cajón de arena

沙坑

columpio

秋千

juguetes

玩具

videoconsola

游戏机

triciclo

三轮车

oso de peluche

泰迪熊

guardarropa

衣柜

ropa

衣服

calcetines

袜子

medias

长袜

leotardos

紧身裤

bufanda
围巾

paraguas
雨伞

cinturón
皮带

camiseta
T恤

deportivas
运动鞋

botas
靴子

zapatillas
拖鞋

sandalias
凉鞋

zapatos
鞋

botas de goma
雨靴

slip
内裤

sostén
胸罩

chaleco
背心

ropa - 衣服

45

bodi

身体

pantalones

裤子

vaqueros

牛仔裤

falda

短裙

blusa

女式衬衫

camisa

衬衫

jersey

套头衫

suéter

卫衣

blazer

西装夹克

chaqueta

夹克

abrigo

外套

gabardina

雨衣

traje

套装

vestido

连衣裙

vestido de novia

婚纱

traje

西装

camisón

睡袍

pijama

睡衣

sari

莎丽

bandana

头巾

turbante

包头巾

burka

波卡

caftán

卡夫坦

abaya

(阿拉伯式)长袍

traje de baño

泳衣

bañador

男式泳裤

pantalones cortos

短裤

chándal

运动服

delantal

围裙

guantes

手套

botón

纽扣

gafas

眼镜

brazalete

手链

collar

项链

anillo

戒指

pendiente

耳环

gorra

便帽

percha

衣架

sombrero

帽子

corbata

领带

cremallera

拉链

casco

头盔

tirantes

背带

uniforme escolar

校服

uniforme

制服

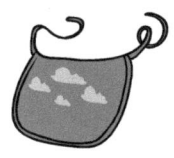

babero

围兜

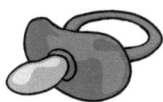

maniquí

安抚奶嘴

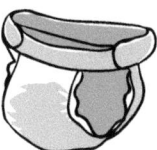

pañal

尿不湿

oficina
办公室

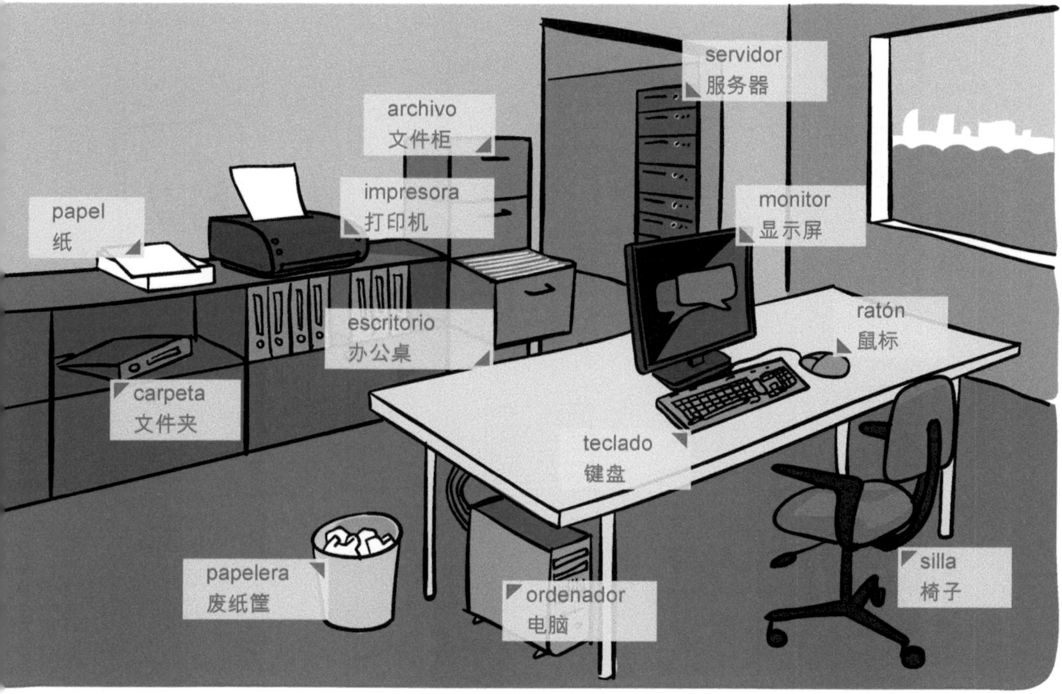
servidor
服务器
archivo
文件柜
impresora
打印机
papel
纸
monitor
显示屏
ratón
鼠标
escritorio
办公桌
carpeta
文件夹
teclado
键盘
papelera
废纸篓
ordenador
电脑
silla
椅子

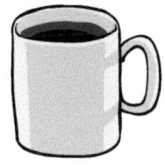

taza de café

咖啡杯

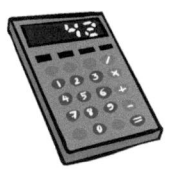

calculadora

计算器

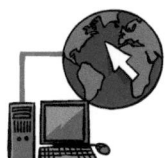

internet

因特网

portátil

笔记本电脑

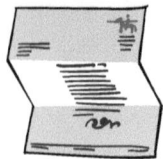

carta

信件

mensaje

消息

móvil

手机

red

网络

fotocopiadora

复印机

software

软件

teléfono

电话

toma de corriente

插座

fax

传真机

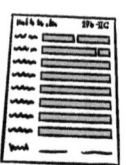

formulario

表格

documento

文件

comprar

买

pagar

付钱

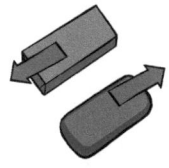

comerciar

交易

dinero

现金

dólar

美元

euro

欧元

yen

日元

rublo

卢布

franco suizo

瑞士法郎

renminbi yuan

人民币

rupia

卢比

cajero automático

提款处

oficina de cambio de divisas

外币兑换处

oro

金

plata

银

petróleo

石油

energía

能源

precio

价格

contrato

合同

impuesto

税金

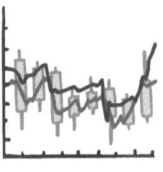

acción

股票

trabajar

工作

empleado

职员

empleador

老板

fábrica

工厂

tienda

商店

oficios
职业

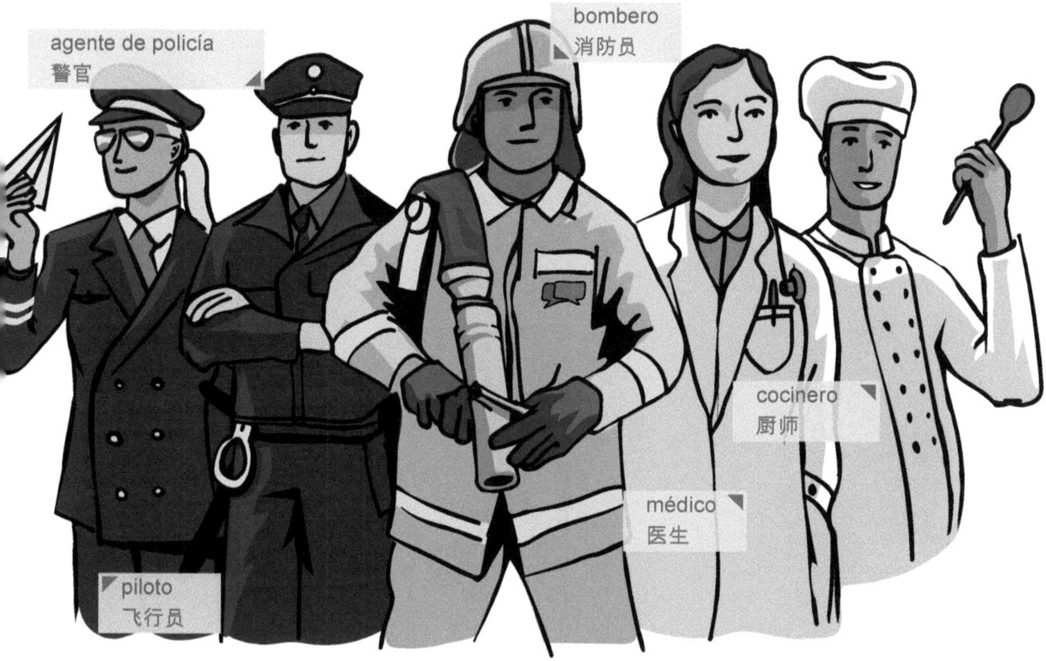
agente de policía
警官
bombero
消防员
cocinero
厨师
médico
医生
piloto
飞行员

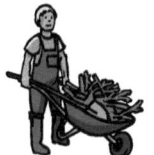

jardinero

园丁

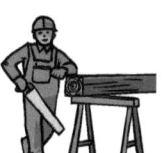

carpintero

木匠

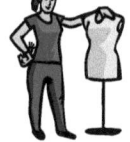

costurera

裁缝

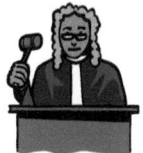

juez

法官

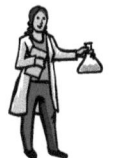

farmacéutico

化学家

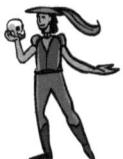

actor

演员

conductor de autobús

公交车司机

taxista

出租车司机

pescador

渔夫

señora de la limpieza

清洁女工

techador

屋顶工

camarero

服务员

cazador

猎人

pintor

画家

panadero

面包师

electricista

电工

obrero

建筑工人

ingeniero

工程师

carnicero

屠夫

fontanero

水管工

cartero

邮递员

soldado

士兵

arquitecto

建筑师

cajero

收银员

florista

花农

peluquero

理发师

revisor

售票员

mecánico

机械师

capitán

船长

dentista

牙医

científico

科学家

rabino

拉比

imán

伊玛目

monje

和尚

sacerdote

牧师

herramientas
工具

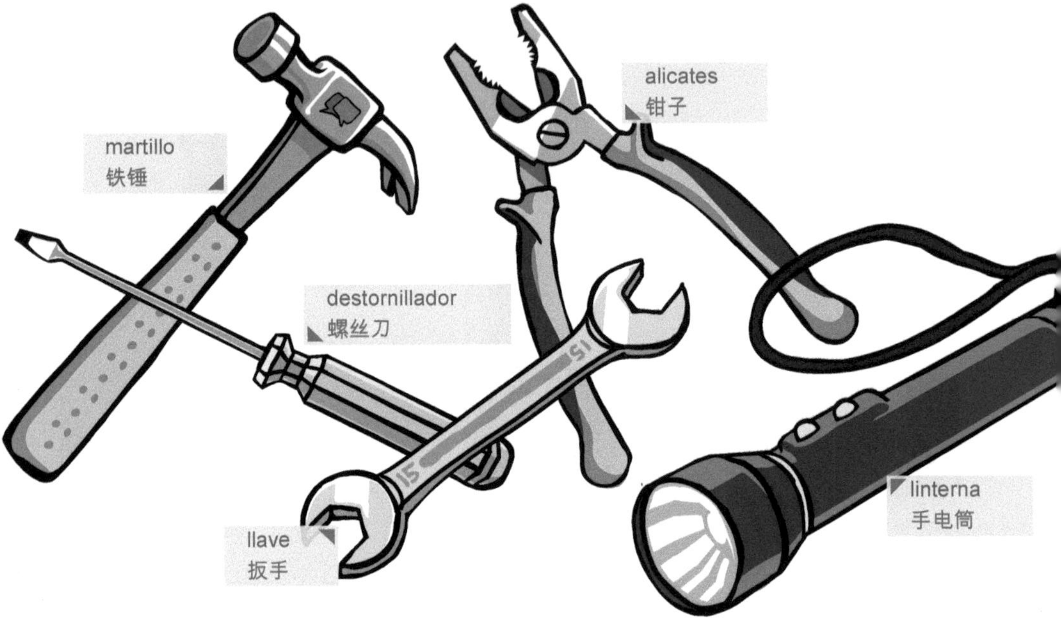
martillo
铁锤
alicates
钳子
destornillador
螺丝刀
llave
扳手
linterna
手电筒

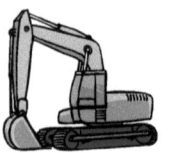

excavadora
挖掘机

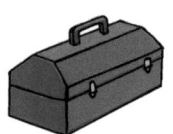

caja de herramientas
工具箱

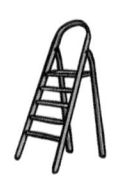

escalera de mano
梯子

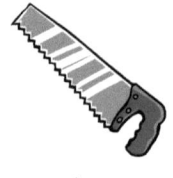

sierra
锯子

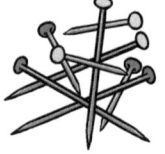

clavos
钉子

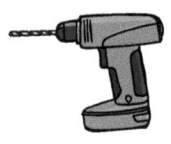

taladro
钻机

reparar

修

pala

铲子

¡Maldita sea!

靠！

recogedor

簸箕

bote de pintura

油漆桶

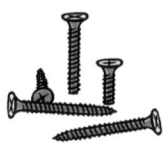

tornillos

螺丝

instrumentos musicales

乐器

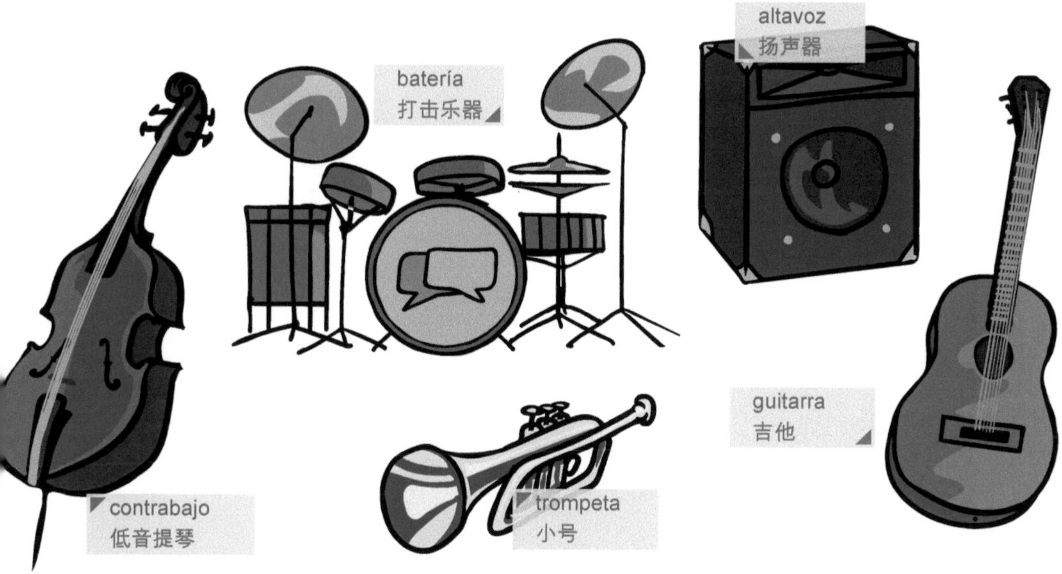

altavoz
扬声器

batería
打击乐器

guitarra
吉他

contrabajo
低音提琴

trompeta
小号

piano

钢琴

violín

小提琴

bajo

贝斯

timbales

定音鼓

tambor

鼓

teclado

电子琴

saxofón

萨克斯管

flauta

长笛

micrófono

麦克风

tigre
老虎

entrada
入口

jaula
笼子

cebra
斑马

pienso
动物饲料

panda
熊猫

animales

动物

elefante

大象

canguro

袋鼠

rinoceronte

犀牛

gorila

大猩猩

oso

熊

camello

骆驼

avestruz

鸵鸟

león

狮子

mono

猴子

flamingo

火烈鸟

loro

鹦鹉

oso polar

北极熊

pingüino

企鹅

tiburón

鲨鱼

pavo real

孔雀

serpiente

蛇

cocodrilo

鳄鱼

guardián de zoológico

动物园管理员

foca

海豹

jaguar

美洲豹

poni

矮种马

leopardo

豹

hipopótamo

河马

jirafa

长颈鹿

águila

老鹰

jabalí

野猪

pescado

鱼

tortuga

龟

morsa

海象

zorro

狐狸

gacela

羚羊

fútbol americano
橄榄球

ciclismo
骑自行车

tenis
网球

baloncesto
篮球

natación
游泳

boxeo
拳击

hockey sobre hielo
冰球

fútbol
英式足球

bádminton
羽毛球

atletismo
田径

balonmano
手球

esquí
滑雪

polo
马球

saltar
跳

reír
笑

abrazar
拥抱

caminar
走路

cantar
唱

soñar
做梦

rezar
祈祷

besar
亲吻

escribir
书写

dibujar
画

mostrar
展示

empujar
推

dar
给

tomar
拿

tener

有

hacer

做

ser

当

estar de pie

站

correr

跑

tirar

拉

tirar

扔

caer

摔倒

yacer

躺

esperar

等待

llevar

携带

estar sentado

坐

vestirse

穿衣

dormir

睡觉

despertar

醒来

mirar

看

llorar

哭

acariciar

抚摸

peinar

梳头

hablar

交谈

entender

明白

preguntar

问

escuchar

听

beber

喝

comer

吃

ordenar

清理

amar

爱

cocinar

做饭

conducir

开车

volar

飞

navegar

航行

calcular

计算

leer

读

aprender

学习

trabajar

工作

casarse

结婚

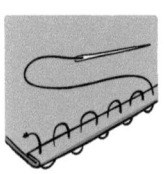

coser

缝

cepillarse los dientes

刷牙

matar

杀

fumar

抽烟

enviar

寄

abuela
祖母

abuelo
祖父

padre
父亲

madre
母亲

bebé
婴童

hija
女儿

hijo
儿子

invitado

客人

tía

阿姨

tío

叔叔

hermano

兄弟

hermana

姐妹

cuerpo

身体

frente
前额
ojo
眼睛
hombro
肩膀
dedo
手指
cara
脸
barbilla
下巴
mano
手
pierna
腿
pecho
乳房
brazo
手臂

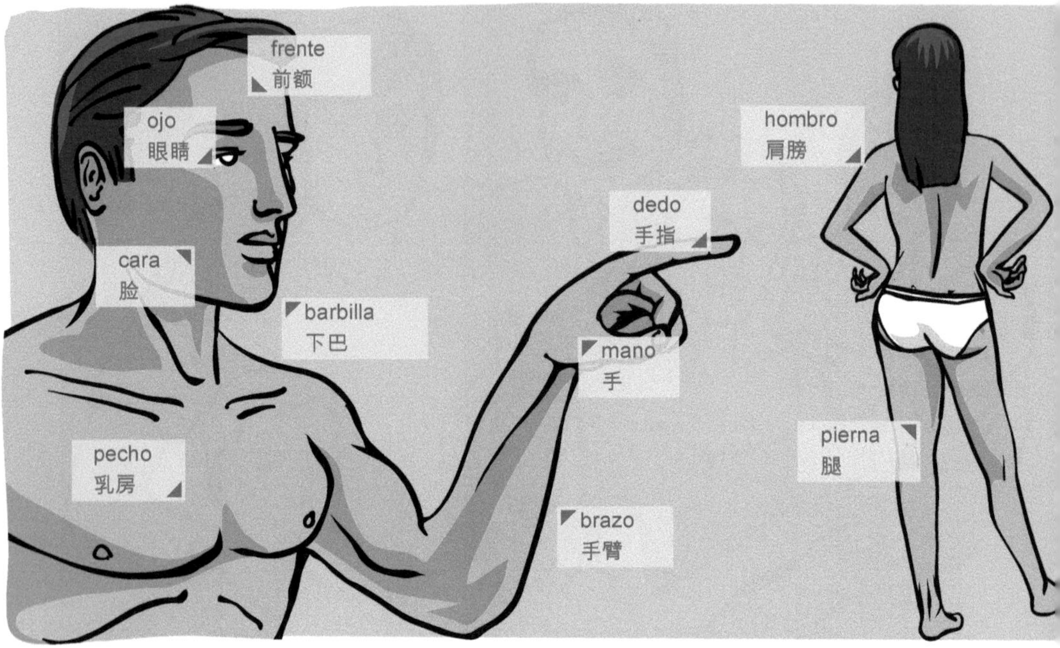

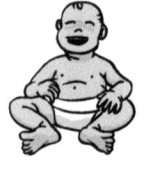

bebé
婴童

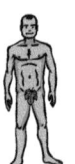

hombre
男人

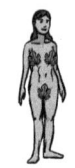

mujer
女人

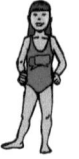

chica
女孩

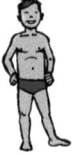

chico
男孩

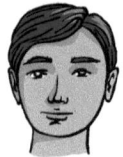

cabeza
头

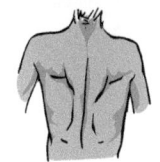

espalda

背部

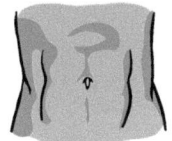

vientre

肚子

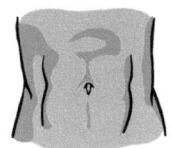

ombligo

肚脐

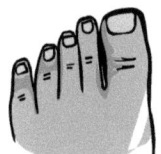

dedo del pie

脚趾

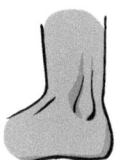

talón

脚后跟

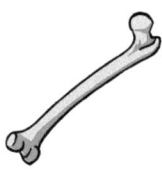

hueso

骨头

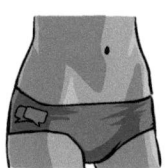

cadera

臀部

rodilla

膝盖

codo

手肘

nariz

鼻子

trasero

屁股

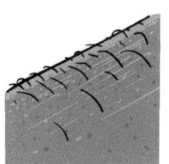

piel

皮肤

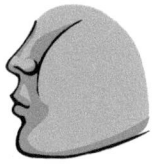

mejilla

脸颊

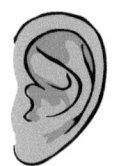

oído

耳朵

labio

嘴唇

boca

嘴

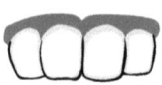

diente

牙齿

lengua

舌头

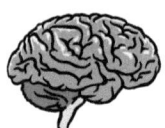

cerebro

脑

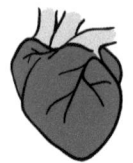

corazón

心脏

músculo

肌肉

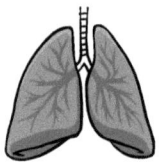

pulmón

肺

hígado

肝脏

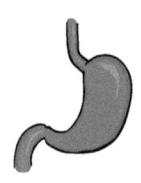

estómago

胃

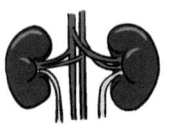

riñones

肾脏

sexo

性交

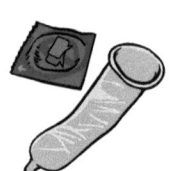

condón

避孕套

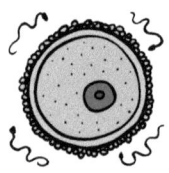

ovario

卵子

semen

精子

embarazo

怀孕

cuerpo - 身体

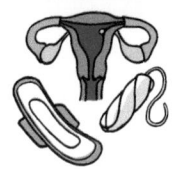

menstruación

月经

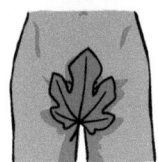

vagina

阴道

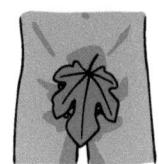

pene

阴茎

ceja

眉毛

pelo

头发

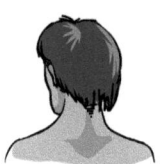

cuello

脖子

hospital
医院

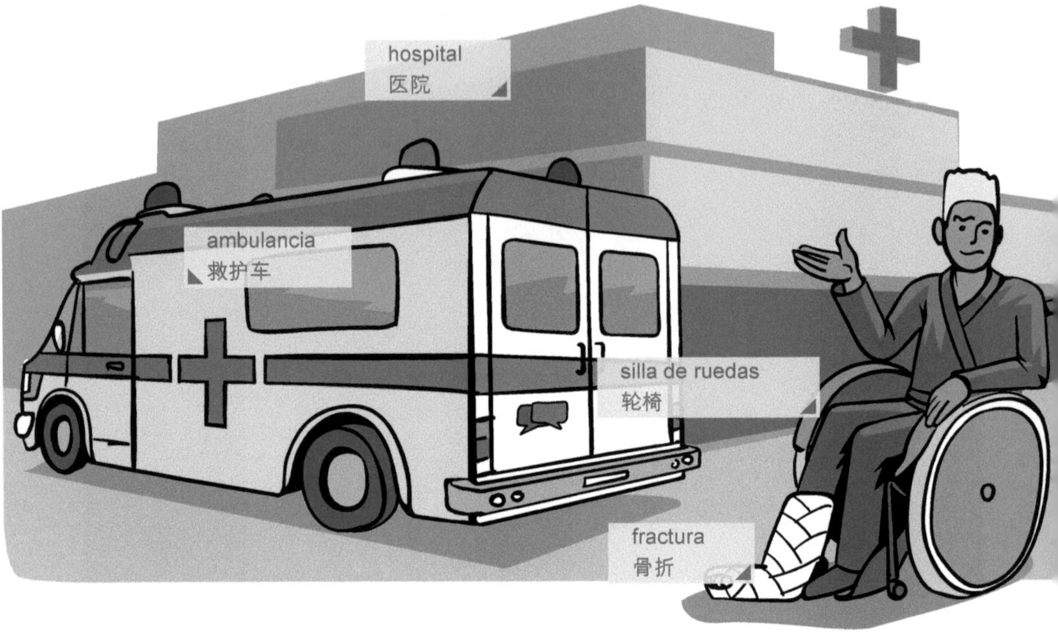

hospital
医院
ambulancia
救护车
silla de ruedas
轮椅
fractura
骨折

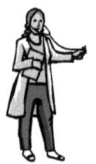

médico
医生

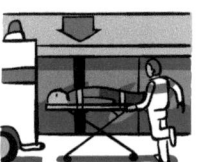

sala de urgencias
急诊室

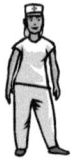

enfermera
护士

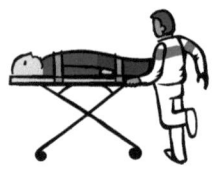

urgencia
紧急情况

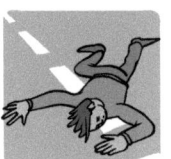

inconsciente
昏迷

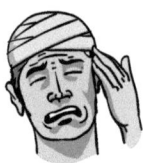

dolor
痛

lesión

受伤

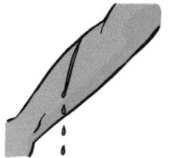

hemorragia

出血

infarto

心脏病发作

ictus

中风

alergia

过敏

tos

咳嗽

fiebre

发烧

gripe

流感

diarrea

腹泻

dolor de cabeza

头痛

cáncer

癌症

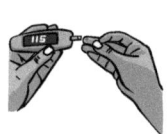

diabetes

糖尿病

cirujano

外科医生

bisturí

手术刀

operación

手术

TAC

CT

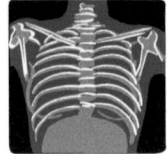

rayos x

X光

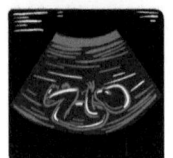

ultrasonido

超声波

mascarilla

口罩

enfermedad

疾病

sala de espera

候诊室

muleta

拐杖

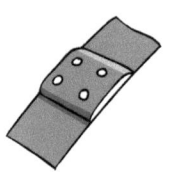

tirita

石膏

venda

绷带

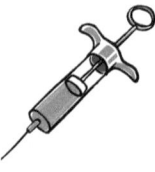

inyección

注射

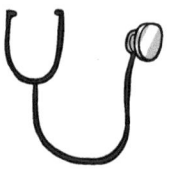

estetoscopio

听诊器

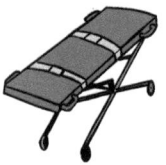

camilla

担架

termómetro

体温计

nacimiento

出生

sobrepeso

超重

audífono

助听器

desinfectante

消毒液

infección

感染

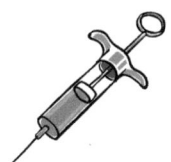

virus

病毒

VIH / SIDA

艾滋病

medicina

药物

vacunación

接种疫苗

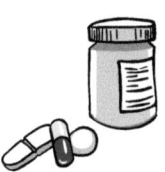

tabletas

药片

pastilla

药丸

llamada de urgencia

急救电话

tensiómetro

血压计

enfermo / sano

生病/健康

¡Socorro!

救命！

alarma

警报

asalto

突击

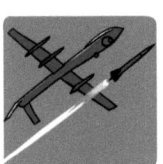

ataque

攻击

peligro

危险

salida de emergencia

紧急出口

¡Fuego!

着火啦！

extintor de incendios

灭火器

accidente

意外

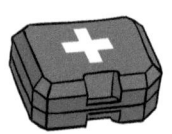

botiquín de primeros
auxilios
急救箱

SOS

呼救信号

policía

警察

Europa

欧洲

Norteamérica

北美洲

Sudamérica

南美洲

África

非洲

Asia

亚洲

Australia

澳洲

Atlántico

大西洋

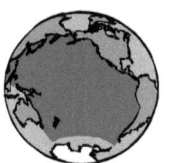

Pacífico

太平洋

Océano Índico

印度洋

Océano Antártico

南冰洋

Océano Ártico

北冰洋

polo norte

北极

polo sur

南极

Antártida

南极洲

tierra

地球

tierra

陆地

mar

海

isla

岛

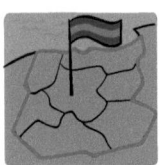

nación

国家

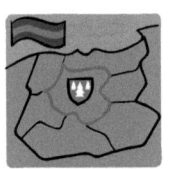

estado

国家

esfera

钟面

manecilla de las horas

时针

minutero

分针

segundero

秒针

¿Qué hora es?

现在几点？

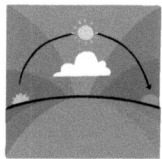

día

天

tiempo

时间

ahora

现在

reloj digital

电子表

minuto

分

hora

时

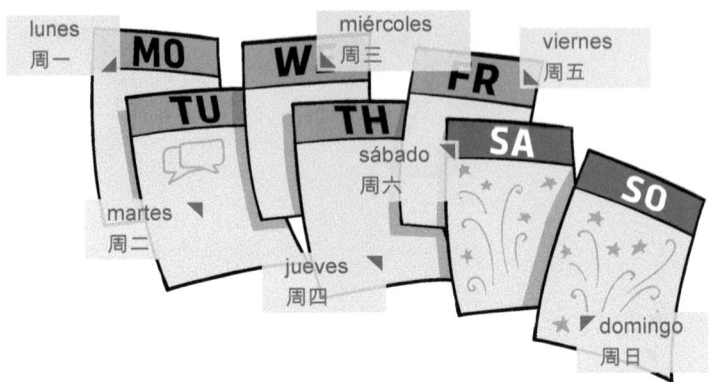

lunes 周一
martes 周二
miércoles 周三
jueves 周四
viernes 周五
sábado 周六
domingo 周日

ayer

昨天

hoy

今天

mañana

明天

mañana

早晨

mediodía

中午

tarde

晚上

MO	TU	WE	TH	FR	SA	SU
1	2	3	4	5	6	7
8	9	10	11	12	13	14
15	16	17	18	19	20	21
22	23	24	25	26	27	28
29	30	31	1	2	3	4

días laborables

工作日

MO	TU	WE	TH	FR	SA	SU
1	2	3	4	5	6	7
8	9	10	11	12	13	14
15	16	17	18	19	20	21
22	23	24	25	26	27	28
29	30	31	1	2	3	4

fin de semana

周末

año

年

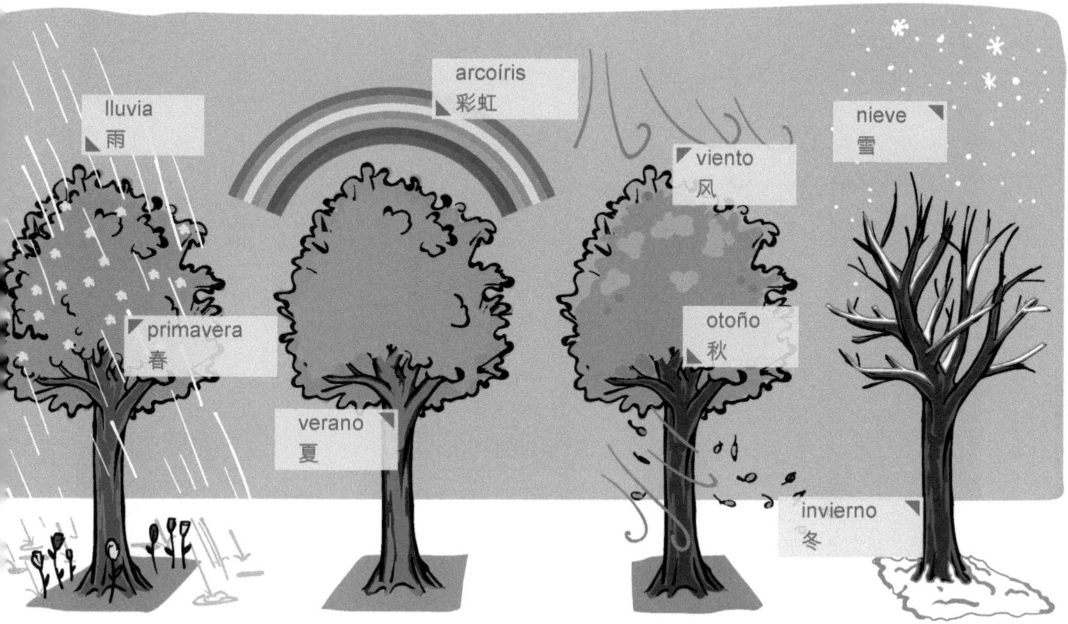
lluvia
雨
arcoíris
彩虹
nieve
雪
viento
风
primavera
春
otoño
秋
verano
夏
invierno
冬

4.APRIL 11°
5.APRIL 4°
6.APRIL 13°
7.APRIL 8°
8.APRIL 10°

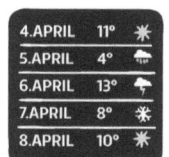

pronóstico del tiempo

天气预报

F
C
120
90
60
30
0
-30
40
30
20
10
0
-10
-20

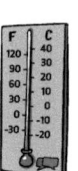

termómetro

温度计

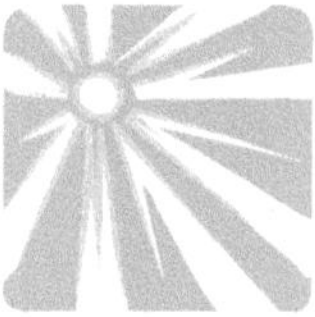

sol

阳光

nube

云

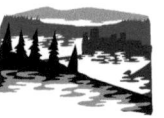

niebla

雾

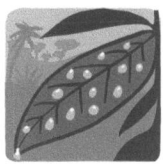

humedad

潮湿

rayo

闪电

trueno

打雷

tormenta

风暴

granizo

冰雹

monzón

季风

inundación

洪水

hielo

冰

enero

一月

febrero

二月

marzo

三月

abril

四月

mayo

五月

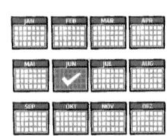

junio

六月

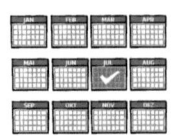

julio

七月

agosto

八月

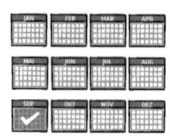

septiembre

九月

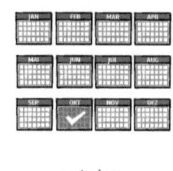

octubre

十月

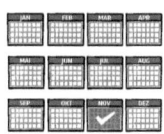

noviembre

十一月

diciembre

十二月

círculo

圆形

cuadrado

正方形

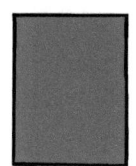

rectángulo

长方形

triángulo

三角形

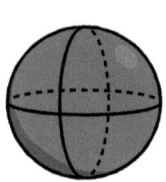

esfera

球体

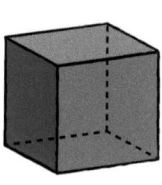

cubo

立方体

blanco
....
白

amarillo
....
黄

anaranjado
....
橙

rosa
....
粉

rojo
....
红

morado
....
紫

azul
....
蓝

verde
....
绿

marrón
....
棕

gris
....
灰

negro
....
黑

mucho / poco

很多/少许

enojado / tranquilo

生气/平静

bonito / feo

美/丑

principio / fin

首/尾

grande / pequeño

大/小

claro / oscuro

明/暗

hermano / hermana

兄弟/姐妹

limpio / sucio

干净/肮脏

completo / incompleto

完整/缺失

día / noche

白天/晚上

muerto / vivo

死/生

ancho / estrecho

宽/窄

comestible / no comestible

可食用/非食用

malo / amable

邪恶/善良

entusiasmado / aburrido

兴奋/无聊

gordo / delgado

胖/瘦

primero / último

第一/最后

amigo / enemigo

朋友/敌人

lleno / vacío

满/空

duro / blando

硬/软

pesado / ligero

重/轻

hambre / sed

饿/渴

enfermo / sano

生病/健康

ilegal / legal

非法/合法

inteligente / tonto

聪明/愚笨

izquierda / derecha

左/右

cerca / lejos

近/远

nuevo / usado

新/旧

nada / algo

没有/有些

viejo / joven

老/幼

encendido / apagado

开/关

abierto / cerrado

打开/合上

silencioso / ruidoso

安静/吵闹

rico / pobre

富/穷

correcto / incorrecto

对/错

áspero / suave

粗糙/光滑

triste / contento

伤心/高兴

corto / largo

短/长

lento / rápido

慢/快

húmedo / seco

湿/干

cálido / frío

温暖/凉爽

guerra / paz

战争/和平

0

cero
········
零

1

uno
········
一

2

dos
········
二

3

tres
········
三

4

cuatro
········
四

5

cinco
········
五

6

seis
········
六

7

siete
········
七

8

ocho
········
八

9

nueve
········
九

10

diez
········
十

11

once
········
十一

12
doce
十二

13
trece
十三

14
catorce
十四

15
quince
十五

16
dieciséis
十六

17
diecisiete
十七

18
dieciocho
十八

19
diecinueve
十九

20
veinte
二十

100
cien
百

1.000
mil
千

1.000.000
millón
百万

números - 数字

inglés

英语

inglés americano

美式英语

chino mandarín

普通话

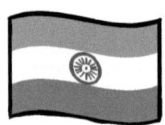

hindi

印地语

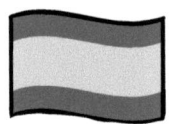

español

西班牙语

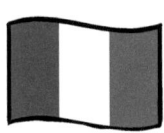

francés

法语

árabe

阿拉伯语

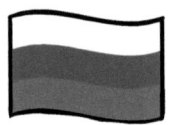

ruso

俄语

portugués

葡萄牙语

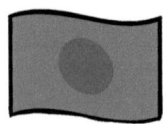

bengalí

孟加拉语

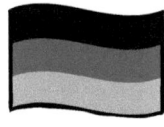

alemán

德语

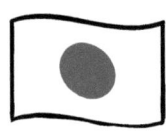

japonés

日语

yo

我

tú

你

él / ella / ello

他/她/它

nosotros/as

我们

vosotros/as

你们

ellos/as

他们

¿quién?

谁？

¿qué?

什么？

¿cómo?

怎样？

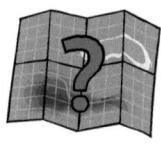

¿dónde?

哪里？

¿cuándo?

什么时候？

nombre

名字

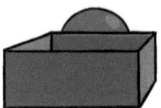

detrás

后面

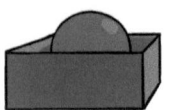

en

里面

delante de

前面

por encima de

上方

sobre

上面

debajo de

下面

junto a

旁边

entre

中间

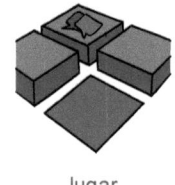

lugar

地点